KARIBIK

KARL MÜLLER

INHALT

Übersetzung: Simone Mudra, Köln
Gestaltung: Patrizia Balocco

Via C. Sassone 22/24
13100 Vercelli, Italien

2003 Herausgegeben in Deutschland
von Verlag Karl Müller GmbH
www.karl-mueller-verlag.de

ISBN 3-89893-566-3

Gedruckt in Singapur

Links *Pointe des Châteaux, die beeindruckende Landzunge aus riesigen Felsen, ragt im äußersten Osten von Guadeloupe mitten in das leuchtendblaue Karibische Meer hinein.*
Rechts *Diese junge Frau lehnt im Fenster eines Hauses von Castries, der Hauptstadt von St. Lucia.*
S. 1 *Man of War Bay nennt sich diese wunderschöne Bucht der kleinen Insel Tobago.*
S. 2/3 *Fast berühren sich dieser Süßwassersee und das Meer auf Antigua, der Insel mit der »tasend Stränden«. In Wahrheit hat sie niemand je gezählt, doch die Einheimischen sind überzeugt, daß es 365 Strände sind – einer für jeden Tag des Jahres.*
S. 4/5 *»Ein unverfälschtes tropisches Paradies« wird St. John, eine der amerikanischen Jungferninseln, genannt.*
S. 6/7 *Die herrliche Bucht von Gustavia leuchtet in den warmen und klaren Farben der Tropen. Gustavia ist die Hauptstadt von St. Barthélemy, einer kleinen, zu Frankreich gehörenden Insel.*

HAVANNA
SANTA CLARA
BAHAMAS
KUBA
Isla de la Juventud
Inaguainseln
Santiago de Cuba
Little Cayman
Grand Cayman
HAITI
Montego Bay
PORT-AU-PRINCE
KINGSTON
Grosse
JAMAIKA
HONDURAS
NICARAGUA
KARIBISCHES
Mosquitoküste
COSTA RICA
KOLUMBIEN
PANAMA
Panama

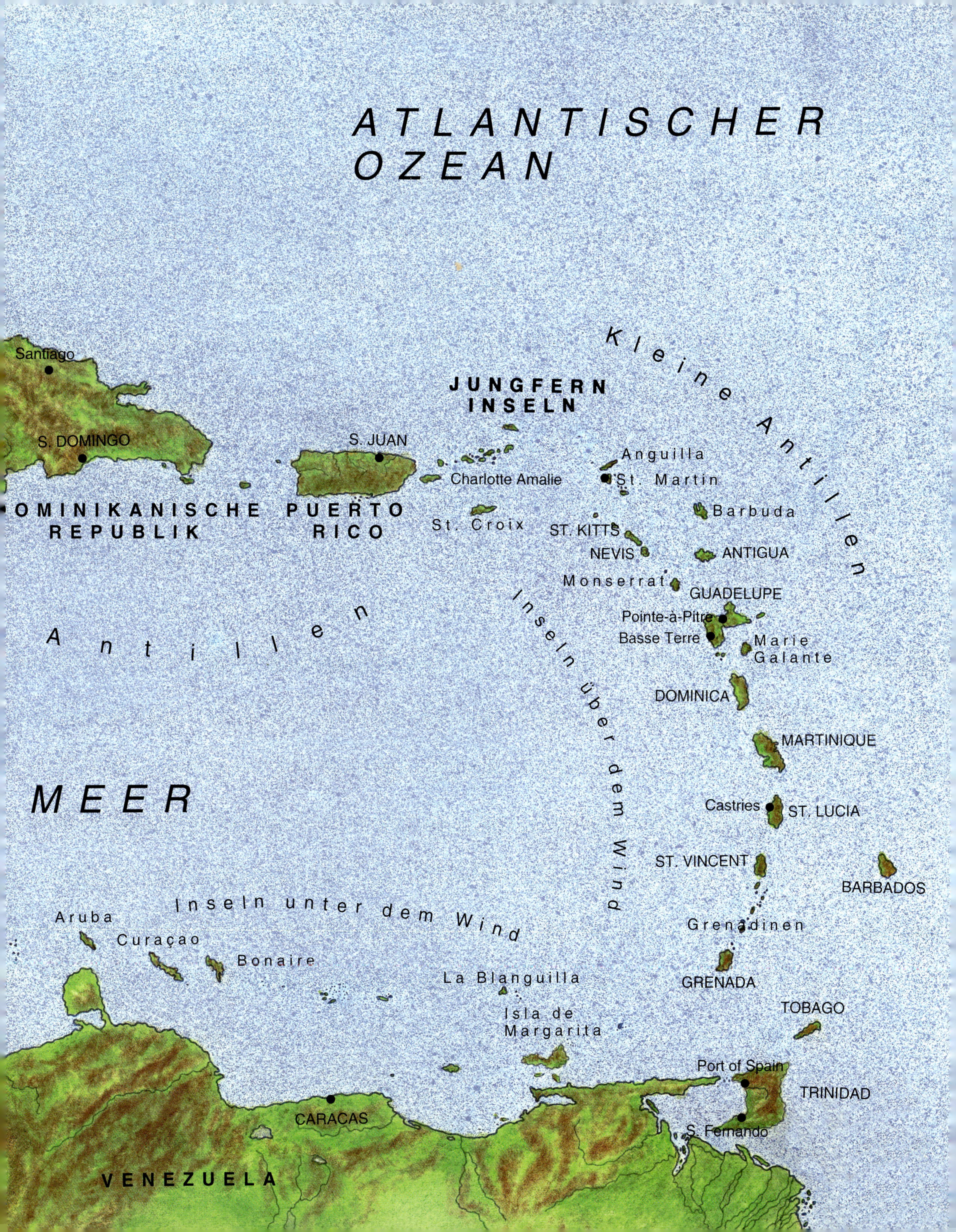
ATLANTISCHER OZEAN
Santiago
S. DOMINGO
DOMINIKANISCHE REPUBLIK
S. JUAN
PUERTO RICO
JUNGFERN INSELN
Charlotte Amalie
St. Croix
Kleine Antillen
Anguilla
St. Martin
Barbuda
ST. KITTS
NEVIS
ANTIGUA
Monserrat
GUADELUPE
Pointe-à-Pitre
Basse Terre
Marie Galante
DOMINICA
MARTINIQUE
Castries
ST. LUCIA
ST. VINCENT
BARBADOS
Grenadinen
GRENADA
TOBAGO
Port of Spain
TRINIDAD
S. Fernando
Inseln über dem Wind
Antillen
MEER
Inseln unter dem Wind
Aruba
Curaçao
Bonaire
La Blanguilla
Isla de Margarita
CARACAS
VENEZUELA

EIN PLATZ AN DER SONNE

Die Karibik umfaßt die mittelamerikanischen Westindischen Inseln, die sich in einem lockeren, weitgeschwungenen Bogen über 4000 Kilometer zwischen der Halbinsel Florida und der Küste Südamerikas erstrecken. Der westindische Archipel, der fünfmal so groß ist wie der griechische, trennt das Karibische Meer und den Golf von Mexico vom Atlantik. Die Bahamas und die Kleinen und Großen Antillen bilden viele kleine, bisweilen winzige Staaten mit etwa dreißig Millionen Menschen, die entweder selbständig oder Teil des Territoriums ihrer ehemaligen Kolonialherren sind. So entwickelten sich Sprache und Bräuche, Recht und Gesetz, Wirtschaft und Verwaltung auf den Großen und Kleinen Antillen je nach Mutterland höchst unterschiedlich. Auf Martinique und Mustique spricht man französisch, auf den Niederländischen Antillen entwickelte sich das sogenannte »Papiamento«, eine Mischung aus Portugiesisch, Holländisch, Spanisch, Englisch sowie afrikanischen und indischen Dialekten. Britische Kronkolonien und Mitglieder des Commonwealth verkehren ebenso auf Englisch mit der Welt wie Inseln, die zum Territorium der USA gehören. Dort legt man wiederum nicht so viel Wert auf typisch englische Errungenschaften wie den Linksverkehr, den »afternoon tea« oder Kricket, für das sich viele so begeistern.

Auf Haiti spricht man fast nur Kreolisch; auf anderen Inseln wie z. B. Kuba oder den venezolanischen Inseln Spanisch. Es gibt bitterarme Inseln wie St. Vincent, von der man bezeichnenderweise sagt, sie sei die einzige Insel, die Kolumbus heute noch wiedererkennen würde – und das ist nicht als ökologisch begründetes Kompliment gemeint. Andere sind reicher als manch europäischer Staat – zum Beispiel Barbados, wo nicht einmal die Polizei bewaffnet ist.

Die Frage nach einer gemeinsamen karibischen Identität verbietet sich also beinahe von selbst. Trotzdem beschäftigt sie nicht nur Literaten und Philosophen, sondern auch Politiker und Wirtschaftswissenschaftler aller westindischen Länder. Obwohl jede Insel einzigartig ist, verbindet alle die gemeinsame koloniale Vergangenheit, die tief in die Gegenwart hineinwirkt. Der Kampf um Selbständigkeit und Emanzipation von der jeweiligen Kolonialmacht wird meist durch wirtschaftliche Abhängigkeit erschwert. Es ist lange her, seit die karibischen Inseln als Produzenten von Zucker und Gewürzen eine überragende Rolle in der Weltwirtschaft spielten. Mit dem Zusammenbruch der Sowjetunion haben sie auch ihre frühere militärisch-strategische Bedeutung verloren. Die vielerorts von den Kolonialherren

Rechts *Traumstrände auf der Korallenbank: Tobago ist das Paradies eines jeden Tauchers.*

aufgezwungene Konzentration auf den Anbau von Zuckerrohr erschwert bis heute die Durchsetzung einer gewinnbringenden Landwirtschaft. Die Umstellung auf lohnendere Industrie- oder Agrarprodukte kann jedoch nur in einem langwierigen Prozeß mit Unterstützung der ehemaligen Mutterländer geleistet werden.

Vielversprechend ist heute nur das Geschäft mit dem Tourismus. Auf manchen Inseln – z. B. Antigua oder den britischen Jungferninseln – entwickelte er sich bereits zur Haupteinnahmequelle. Immer mehr Europäer schwärmen von einer Fernreise in die Karibik – allein die Deutschen legten 1993 um sagenhafte 41 Prozent zu. Kreuzfahrer und Segler aus aller Welt steuern vermehrt die verstreuten Inseln an. Das günstige Klima verführt zur Flucht aus dem kalten, grauen, nordischen Winter in die wärmende karibische Sonne, zu Bilderbuch-Sandstränden am blaugrün schimmernden Meer und freundlichen Menschen in einer exotisch-bunten und üppigen Landschaft. Die Karibik scheint dem Reisenden all dies in Reinkultur zu bieten, ohne mit gefährlichen Tieren, Krankheiten oder bedrohlicher Kriminalität aufzuwarten – von Ausnahmen (wie Haiti) abgesehen. Aber auch in der Karibik verzerrt sich leider oft das Wunschbild, sobald man das Ghetto der Touristenanlagen verläßt und sich die Kehrseite der vermeintlichen Paradiese ansieht: Armut, Korruption, Arbeitslosigkeit und ein eklatanter Mangel an Zukunftsperspektiven. Die Härte der Begegnung zwischen der Ersten und der Vierten Welt, wie die Karibik manchmal genannt wird, hat schon manchen Touristen verstört. Auf den ärmeren Inseln liegen diese beiden Welten oft nur einen Steinwurf auseinander: Auf der einen Seite der schöne Schein der karibischen Ferienwelt, auf der anderen Arme und Ärmste in Slums ohne Strom und Wasser, zusammengepfercht in dunklen Höhlen modernen Zivilisationsschrotts (Santo Domingo); hier die klimatisierten, geräumigen Bungalows, dort hungernde Kinder ohne Schulbildung und Aussicht auf Arbeit, oder junge Schwarze, die für wenige Dollars weiße Damen durch den Urlaub »begleiten«.

PARADIESISCHE URLANDSCHAFTEN

Der westindische Archipel ist durch üppige Vegetation und eine exotische Tierwelt gekennzeichnet. Jamaica Kincaid's Hymne auf ihre Heimatinsel Antigua läßt sich ohne weiteres auf die meisten Karibikinseln übertragen: *Manchmal scheint ihre Schönheit unwirklich. (...) kein wirkliches Meerwasser könnte auf einmal so viele Nuancen von Blau hervorbringen; kein wirklicher Himmel könnte jenen Blauton haben, einen ganz anderen, von den Blautönen des Meeres deutlich unterschiedenen Blauton, und keine wirkliche Wolke könnte so weiß sein und so zart an jenem Himmel schweben; kein wirklicher Tag könnte so sonnig und hell sein und alles durchsichtig und geglättet erscheinen lassen; und keine wirkliche Nacht könnte so schwarz sein und alles so dicht und tief und bodenlos erscheinen lassen...*

So verschieden wie die Geschichte der einzelnen Inseln präsentiert sich auch ihre Landschaft. Im Gesamtbild tropi-

Oben *Die Casa della Trova di Santiago ist die berühmteste Lokalität auf ganz Kuba: Jeden Abend versammeln sich hier die ansässigen Troubadoure und spielen aus dem Stegreif mitreißende Musik.*
Rechts oben *In der kubanischen Zigarre konzentriert sich der Geist dieser Kultur; die Zigarre gilt daher eher als nationale Leidenschaft denn als Laster.*
Rechts unten *La Zafra, die Zuckerrohrernte, wird von professionellen Mähern sowie Tausenden von Studenten und Angestellten eingeholt, die die Machete nur bei dieser Gelegenheit in die Hand nehmen.*

scher Natur verbergen sich krasse Gegensätze zwischen gebirgigen Vulkan- und flachen Kalktafelinseln. Fast alle Eilande teilen sich in eine trockene Südwestseite und eine feuchte Nordostseite. Die Wildheit des stürmischen Atlantiks kontrastiert mit dem sanften Spiegel des Karibischen Meeres. Im warmen, kristallklaren Wasser der Buchten kann man gefahrlos baden, schnorcheln und tauchen; in den ausgedehnten Unterwassergärten wachsen herrliche Korallenriffe, zwischen denen Fische in allen Regenbogenfarben umherschwimmen. Die Passatwinde bieten Seglern und Surfern ideale Bedingungen, und sämtliche Wassersportarten erfreuen sich in der Karibik großer Beliebtheit. Seit kurzem gibt es auch organisierte Trips zur Beobachtung von Walen und Delphinen. Pottwale werden das ganze Jahr über im karibischen Raum gesichtet, halten sich aber am liebsten an der Westküste von Dominica und Martinique auf, während die Delphine in großen Herden um die Riffe ziehen.

In dem ausgeglichenen, von keinerlei Jahreszeiten unterbrochenen Klima wirken die Vulkanausbrüche und Wirbelstürme um so gewalttätiger. Die zerstörerischen Kräfte brechen regelmäßig wie biblische Heimsuchungen über die Inseln herein. Obwohl die Insulaner versuchen, ihre Häuser zu befestigen, sind sie meistens machtlos.

Es gibt noch unberührte Naturlandschaften, in denen die Ursprünglichkeit des Regenwaldes erhalten geblieben ist. Im Naturschutzgebiet von St. John, einer der amerikanischen Jungferninseln, erklären Lehrpfade die üppige Vielfalt der exotischen Pflanzenwelt, die hier buchstäblich jungfräulich geblieben ist. In der karibischen Fauna erregen die Vögel großes Interesse – und nicht nur bei Ornithologen. Hier machen viele Zugvögel Station; auf den meisten Inseln leben endemische Arten – wie zum Beispiel auf Barbuda der Pracht-Fregattvogel, eine seltene Spezies aus der Familie tropischer Seevögel. Der Nationalvogel von St. Lucia, der leuchtendbunte St. Lucia-Papagei, wird von den Insulanern liebevoll »Jacquot« genannt. Beinahe wäre er ausgestorben (und weitere Tierarten sind ebenfalls gefährdet), aber inzwischen wird dem Naturschutz mehr Aufmerksamkeit gewidmet.

MIT KOLUMBUS FING ALLES AN

Was werden wir zu sehen bekommen? Marmorbrücken? Tempel mit goldenen Dächern? Gewürzhaine? Menschen, die uns gleichen, oder irgendein fremdartiges Geschlecht von Riesen?
(Aus dem Bordbuch von Christoph Columbus)

Man kann die Geschichte der Karibik in drei Epochen unterteilen. Unser Wissen über die Zeit bis 1492, die mit der Vertreibung und Vernichtung der indianischen Ureinwohner endet, ist beschränkt, da es sich nur auf die Berichte spanischer Zeitgenossen und archäologische Funde stützen kann. Die zweite Epoche beginnt mit der Eroberung und Ausbeutung durch die europäischen Kolonialherren, während die dritte – gekennzeichnet durch die Emanzipationsbestrebungen nach der Abschaffung der Sklaverei und die Bemühungen um eine stärkere internationale Position – noch andauert.

Die Geschichte der Neuen Welt begann mit der Entdeckung der Westindischen Inseln 1492/93 durch den spanischen Seefahrer Christoph Kolumbus, der glaubte, in Indien gelandet zu sein, weshalb er die Bevölkerung der entdeckten Inseln »Indianer« nannte. Die Spanier ließen sich zunächst auf Hispaniloa, dann auf Kuba nieder und kolonisierten von hier aus das südamerikanische Festland. Als dort größere Reichtümer zu locken schienen, verließen sie in Scharen die karibischen Inseln. Ihre Silberflotte übte eine magische Anziehungskraft auf Piraten aller Nationen aus, die seit der Mitte des 16. Jahrhunderts (als Viehzüchter oder Plantagenbesitzer) die kleineren Inseln besiedelten. Mit dem Ende des 16. Jahrhunderts endete auch die spanische Vorherrschaft, und die anderen europäischen Staaten – allen voran die Niederlande, England und Frankreich – stießen auf ein Machtvakuum, das sie bald für eigene Kolonien zu nutzen verstanden. Während sie den kriegerischen Kariben lieber aus dem Weg gingen, rotteten sie die friedlichen Arawaks praktisch aus. Als Arbeitskräfte importierten sie Millionen von Sklaven aus Afrika. Unter unmenschlichen Bedingungen produzierten die Schwarzen die in den Mutterländern so begehrten »Kolonialwaren« Zucker, Kaffee, Baumwolle, Kakao, Reis, Indigo und Tabak, mit deren Vermarktung sich ungeheure Gewinne erzielen ließen. Aufgrund ihrer wirtschaftlichen Bedeutung spielte die Region auch in den europäischen Kriegen des 18. Jahrhunderts eine nicht unwesentliche Rolle.

Zwar lehnten sich die Sklaven immer wieder gegen ihre grausamen Herren auf, aber erst 1791 führte ein erfolgreicher Sklavenaufstand zur Gründung Haitis (1804) – ein Ereignis, das Ängste und Hoffnungen nicht nur auf den anderen Inseln, sondern auch auf dem amerikanischen Kontinent schürte. Das Verbot des Sklavenhandels im britischen Empire (1807) und die anschließende Abschaffung der Sklaverei (1834 – 38) hatten ebenfalls Signalwirkung. Die antikoloniale Befreiungsbewegung war in ihrem Streben nach Unabhängigkeit nicht mehr aufzuhalten. Der daraus entstehende Mangel an Arbeitskräften wurde durch die Anwerbung asiatischer Kontraktarbeiter, vornehmlich Indern, aufgefangen.

Auch nach dem 2. Weltkrieg blieb die Entwicklung in der Karibik von entscheidender Bedeutung für die Weltpolitik. Die Ereignisse in der Folge der Kubanischen Revolution (1959), der Machtkampf zwischen dem amerikanischen Präsidenten J. F. Kennedy und dem russischen Präsidenten Chruschtschow führten zur Blamage in der Schweinebucht, als die CIA 1961 eine Invasion von Exilkubanern finanzierte, die von den Sozialisten mühelos abgewehrt wurde. Der Interessenkonflikt der Weltmächte verschärfte das militärische Vorgehen der USA in Vietnam. 1962, als die Sowjetunion Raketen auf Kuba installieren wollte, drohte während der Kubakrise für kurze Zeit ein globaler Konflikt auszubrechen. Zur Erleichterung der ganzen Welt lenkten die Russen jedoch ein und verzichteten auf ihr Vorhaben.

Der Zusammenbruch der Sowjetunion und das Ende des Kalten Krieges wirkten sich nicht nur auf das sozialistische Kuba aus. Ganz Westindien spielt seitdem strategisch keine entscheidende Rolle mehr. Vor dem Hintergrund der verschiedenen kolonialen Prägungen der karibischen Inseln wäre ein möglicher politischer Zusammenschluß mit erheblichen Schwierigkeiten verbunden. Erweist sich doch bereits der Versuch eines gemeinsamen Vorgehens auf wirtschaftlicher Ebene als problematisch.

Rechts *Varadero ist das Wahrzeichen des internationalen Tourismus auf Kuba: Die 18 Kilometer weißer feiner Sandstrand, die großen Hotels und Nachtlokale bieten auch dem anspruchsvollsten Feriengast alles, was er sich nur wünschen kann.*

SIND DIE NIEDERLANDE WIRKLICH SO WEIT ENTFERNT?

Die ABC-Inseln Aruba (seit 1986 selbständig), Bonaire und Curaçao, 60 bis 80 Kilometer vor der venezolanischen Küste gelegen, und die »Drei S« – Sint Eustatius (kurz: Statia), Saba und der südliche Teil von Sint Maarten – bilden die Niederländischen Antillen. Im Gegensatz zu den nördlicheren Inseln werden diese Inseln unter dem Winde von Wirbelstürmen meist verschont. Die Unterscheidung in Inseln unter und über dem Winde (je nach Lage zu den Passatwinden) geht auf die Spanier zurück, denen die Holländer 1634 diese Inseln entrissen. 1499 waren sie von den Spaniern entdeckt worden, die sie aber, aus Enttäuschung darüber, daß sie kein Gold fanden, bald für nutzlos erklärten. Sie nannten Curaçao »Isla de los Gigantes«, weil sie von riesigen Indianern bewohnt wurde. Nach 1621 suchten und fanden hier die Holländer Holz, Wasser und eine strategisch günstige Stellung zwischen Pernambuco und Neu-Amsterdam. Für den Anbau von Zuckerrohr war es hier schon immer zu trocken, aber Zitrusfrüchte gedeihen hervorragend. Aus der Laraha-Orange wird der berühmte blaue Curaçao-Likör hergestellt. 1868 wurde die Sklaverei auf den Niederländischen Antillen abgeschafft. Die charmante Hauptstadt der Insel, Willemstad, präsentiert in leuchtenden Pastellfarben eine fröhlich tropische Version der holländischen Architektur des 17. Jahrhunderts. Arkaden, Säulen und Giebel zeugen vom europäischen Geschmack der Kolonialherren. Die Willemstader Synagoge von 1732, eine der bedeutendsten Sehenswürdigkeiten in der Karibik, ist das älteste jüdische Gotteshaus der westlichen Hemisphäre. Ebenso wie die alten gewaltigen Messingleuchter sind hier auch zwei Beschneidungsstühle bis heute in Gebrauch. Täglich wird Sand auf den Boden der Synagoge gestreut, um an die Flucht der Israeliten durch die Wüste zu erinnern. Während der Inquisition dämpfte er die Schritte der heimlich betenden Gläubigen.

Die verschwenderische Farbenpracht der Hausfassaden geht auf das Konto des exzentrischen Generalgouverneurs Albert Kickert. Der Vizeadmiral mit dem Spitznamen »Froschi« bekam nämlich von dem damals üblichen grellweißen Anstrichen Migräne. Kopfschmerzen kann man aber auch bekommen, wenn man zuviel von dem in Curaçao gebrauten Amstelbier, dem einzigen Bier der Welt aus entsalzenem Meerwasser, trinkt.

HEIMAT EINER KAISERIN: MARTINIQUE

Das gebirgige Martinique ist vulkanischen Ursprungs, und der 1397 Meter hohe Mont Pelée ist noch aktiv. Der letzte Ausbruch liegt allerdings schon fast 100 Jahre zurück. 1902 begrub er die damalige Hauptstadt St. Pierre, das »petit Paris« Westindiens, unter glühender Vulkanasche. Obwohl sich der Vulkan bereits Monate vorher auf seinen Ausbruch vorbereitete, erkannte niemand die tödliche Gefahr, 30 000 Menschen kamen um; nur ein Betrunkener überleb-

te in seiner gemauerten Gefängniszelle dieses karibische Pompeji. Regenwald wuchert tropfend am Fuß des Vulkans, der die Landschaft beherrscht. Riesiger Bambus, gewaltige Kastanien- und Mahagonibäume ragen hoch über den farnbedeckten Boden. Weit hinunter hängen farbenprächtige Orchideen und Parasitenpflanzen. In der Sprache der Kariben, die von der Ankunft der Europäer die friedlichen Arawak-Indianer ausrotteten, hieß die Insel »Madinia«-Blumeninsel.

Auch um Martinique, die größte der Kleinen Antillen, zankten sich die Engländer und Franzosen vom 17. bis zum 19. Jahrhundert. Britische Schiffe salutieren heute noch, wenn sie am Diamond Rock vorbeifahren. Auf dem 176 Meter hohen Vulkanfelsen im St. Lucia Channel konnten sich die Engländer anderthalb Jahre lang halten. Es ist ein gottverlassener Ort, tagsüber glühend heiß, nachts bitter kalt. Schließlich wurde die Insel an die Franzosen verschachert, und es klingt heute unglaublich, was damals offensichtlich beide für einen guten Handel hielten: 1762 erhielt England im Tausch für Martinique und Guadeloupe von den Franzosen so ausgedehnte Territorien wie Kanada, Ohio/Mississippi, St. Vincent und die Grenadinen sowie Tobago. So wertvoll waren damals Zucker und Gewürze! Martinique ist heute Teil französischen Territoriums und somit der Europäischen Union. Die Insulaner entsenden Regierungsvertreter nach Paris und genießen die Vorteile der französischen Währung. Als französische Bürger können sie jederzeit in Frankreich leben und arbeiten. Im Vergleich zu den ehemals englisch regierten Inseln ist der Lebensstandard auf den französischen Antillen deutlich höher. Die Straßen sind in gutem Zustand, das Essen schmeckt unvergleichlich besser, aber die Preise sind höher als sonst in der Karibik. Allerdings liegt auch auf dieser Insel die Arbeitslosenquote bei 32 Prozent.

ADMIRAL NELSON WAR HIER: ANTIGUA

Die größte der Inseln über dem Winde, von Kolumbus 1493 nach der Kathedrale von Sevilla benannt, rühmt sich, 365 herrliche Strände zu besitzen – für jeden Tag einen. Die Engländer, die – bis auf ein kurzes Gastspiel der Franzosen – Antigua beherrschten, schätzten die natürlichen Häfen, wo sie in Ruhe die hurrikan- und kampfgeschädigten Schiffe ihrer Majestät reparieren konnten. Als junger Mann diente Horatio Nelson drei Jahre auf Antigua. Damals genoß English Harbour den zweifelhaften Ruf einer Hölle auf Erden. Einer Beschreibung aus dem 18. Jahrhundert zufolge waren die Sitten zügellos, wenn die Matrosen der Kriegsschiffe an Land gingen. Im Schlachtgetümmel der Napoleonischen Kriege ging der Admiral 1805 ein zweites Mal hier vor Anker. Heutzutage wird der Hafen der trokkenen, staubigen Insel von sehr vielen Seglern als Zwi-

Links *Dieses eindrucksvolle Gebäude im typisch englischen Kolonialstil beherbergt das Theater von Kingston.*

schenstation angelaufen. Im 20. Jahrhundert trug eine Bewegung unzufriedener Schwarzer den Gewerkschaftsführer Vere C. Bird, genannt »Papa«, an die Spitze der Regierung (1949). Nach der Unabhängigkeitserklärung von 1981 wurde er auch Premierminister. Erst 1994 löste ihn sein Sohn Lester in der Regierung ab. Wohlgemerkt alles in freien Wahlen – wiewohl die Ergebnisse gefälscht oder Resultat massiver Bestechung sein dürften. Obwohl die Regierung Bird erwiesenermaßen zu den korruptesten der Welt zählt, ist der Lebensstandard auf Antigua hoch, und der politische Widerstand hält sich in Grenzen.

ST. LUCIA – »KÖNIGREICH DES STERNAPFELS« (DEREK WALCOTT)

Die Nachbarinsel Martiniques ist unübersehbar vulkanischen Urprungs. Kochendheiße Seen, gelbe Schwefeldämpfe über üppig wachsendem, feucht schimmerndem tropischem Grün – die Landschaft auf St. Lucia ist nicht nur außergewöhnlich, sondern auch sehr fruchtbar: Hier wachsen im Überfluß Bananen, Kokosnüsse, Kakao, Zitrusfrüchte und Mangos, nicht zu vergessen die Gewürze Zimt, Nelken und Muskat. Der heute unabhängige Staat ist Mitglied des British Commonwealth. Wie Martinique war auch St. Lucia ein zwischen Franzosen und Engländern heftig umstrittenes Objekt der Begierde, was erklärt, warum so viele Orte auf dieser offiziell englischsprachigen Insel französische Namen haben und viele Insulaner lieber Patois sprechen; oft sind sie des Englischen kaum mächtig. 1713 vergab der Sonnenkönig Ludwig XIV. von Frankreich das Land um Soufrière an die Familie Devanux, die Baumwolle, Tabak, Kaffee und Kakao anbaute. Fast hundert Jahre später hatten Schwarze im Rausch der französischen Revolution auf dem Hauptplatz bereits eine Giullotine für die weißen Plantagenbesitzer errichtet. Erst in letzter Minute verhalfen denen treue Sklaven zur Flucht. Südlich von Soufrière liegt der einzige Vulkan der Welt, in den man hineinfahren kann. Von ursprünglich sieben dampfzischenden Schwefelquellen ist nur noch eine aktiv. Der Sage zufolge schlief in dieser stinkenden Mondlandschaft aus blubberndem, grauem Schlamm die Göttin Yokaku, der die Arawaks Menschenopfer darbrachten.

HEISS, GRELL UND LAUT: KARIBISCHER KARNEVAL

Auf fast jeder Karibikinsel wird leidenschaftlich Karneval gefeiert. Mehr noch als in nördlicheren Ländern erfüllt er auch soziale Ventilfunktion. Die Massen feiern begeistert die neuen politisch inspirierten Calypso-Songs, die bissig

Rechts *Smaragdgrünes Meer und eine unberührte Natur begegnen sich an der Küste der Insel Petite Terre im äußersten Osten von Guadeloupe.*

und boshaft politische und soziale Mißstände aufs Korn nehmen. Unter den verrückten, unheimlichen Kostümen spielen die Unterschiede zwischen Armen und Reichen, Schwarzen, Indern und Weißen keine große Rolle mehr. Im versöhnlichen Rausch aus Rum und Rhythmus gelten andere Maßstäbe – Tag und Nacht locken die Trommeln verkleidete und bemalte Freunde des »Carnival« zum wilden Tanz auf die Straßen. Das Zentrum des karibischen Karnevals ist Port of Spain, die Hauptstadt von Trinidad, wo Zehntausende zur erotischen Feier der Sinne drängen. Hier kocht und brodelt es schon Tage, bevor »De Mas«, die »Fête«, beginnt. Jedes Jahr von neuem versuchen die Insulaner, sich mit aufwendigen, bizarren Kostümen gegenseitig zu übertreffen.

KUBA LIBRE

Das nach der Revolution Castros verhängte Embargo der USA beraubte Kuba seines mit Abstand wichtigsten Handelspartners. Die Fronten sind heute verhärtet wie eh und je. Der frühere Glanz des »Cuba socialista« ist erloschen, aber der *maximo lider* hält trotz des Scheiterns anderer kommunistischer Länder, trotz des Zusammenbruchs der Sowjetunion und trozt der fortschreitenden wirtschaftlichen und sozialen Misere in Kuba selbst und dem Massenexodus von 1994 an dem von ihm geschaffenen politischen System fest. Der Sohn eines Großgrundbesitzers läßt sich zwar zur Wahrung des inneren Friedens immer mehr Konzessionen in Richtung Privatisierung und Marktwirtschaft abringen, ist aber zu einer wirklichen Neuorientierung (noch) nicht bereit. Die amerikanische Regierung dagegen schielt auf die Wählerstimmen der über eine Million zählenden Exilkubaner in Miami, die überwiegend eine Politik der Unnachgiebigkeit fordern und unterstützen. Eine eventuelle Herrschaft dieser unversöhnlichen Hardliner wird von der kubanischen Bevölkerung allerdings rundheraus abgelehnt. Inzwischen nimmt zwar der politische Druck aus Europa und den lateinamerikanischen Nachbarländern Kubas zugunsten einer Aufhebung des US-Embargos zu, und langsam greifen auch die kubanischen Wirtschaftsreformen, aber eine Lösung des Problems ist in absehbarer Zeit nicht zu erwarten.

Links *Ein Sonnenuntergang wie aus dem Märchen für diejenigen, die das Glück haben, einmal in der Karibik zu segeln. Solch ein Schauspiel erlebt man auf allen Jungferninseln, denn die Natur ist hier noch Königin.*
S. 24/25 *Der braune Sand der Strände von St. Lucia erinnert daran, daß die Insel vulkanischen Ursprungs ist.*
S. 26/27 *Port of Spain auf Trinidad: Zwei leidenschaftliche Tänzer im leidenschaftlichen Rhythmus der Calypsomusik.*

TONYEXPRESS.ALR.

DIE SPUREN DER KOLONIALZEIT

Oben *Das moderne Hafenbecken und die Gärten nach westlichem Vorbild verraten den englischen Ursprung von Bridgetown, der Hauptstadt von Barbados.*
Unten *Dieser Prunkbau im Kolonialstil, das Sam Lord's Castle auf Barbados, wurde 1818 von einem Piraten errichtet, der ihm auch den Namen gab.*
Rechts *Hinter dem schmiedeeisernen Tor erblickt der Besucher den prachtvollen Präsidentenpalast von Santo Domingo.*

Faszination Havanna

Links *Dicht schmiegt sich die karibische Metropole an die Küste des Atlantiks: Mit mehr als zwei Millionen Einwohnern ist Havanna eines der größten urbanen Zentren Mittelamerikas.*

Oben *Das Denkmal für José Martí, den kubanischen Nationaldichter, prägt mit das Bild der gewaltigen Plaza de la Revolución.*
Mitte *Aus den fünfziger Jahren stammen die zahlreichen nordamerikanischen Riesenschlitten wie dieser guterhaltene Cadillac. Der ursprüngliche Besitzer mußte sie nach Castros siegreichem Aufstand zurücklassen.*
Unten *Das gewaltige Sportstadion liegt in einem der modernsten Viertel Havannas und spiegelt die traditionelle Sportbegeisterung der Kubaner wider.*
S. 32/33 *Das Castillo de San Salvador de la Punta ist eine der gewaltigsten Festungen, welche die Spanier im sechzehnten Jahrhundert errichteten, um die Bucht von Havanna zu schützen.*

Links *Das herrschaftliche neoklassizistische Gebäude des Capitolio Nacional aus dem Jahre 1929 zeigt die unverwechselbare Handschrift des Architekten Campidoglio aus Washington.*
Unten *Springbrunnen, Palmen und schönes Dekor verschönern die schattenspendenden Innenhöfe vieler Wohnhäuser aus der Kolonialzeit im alten Havanna.*

Rechts oben *Der schöne rechteckige Platz im Parque Central wurde im neunzehnten Jahrhundert gestaltet. In der Mitte befindet sich das Denkmal des Nationaldichters José Martí, das Hotel »Inglaterra« bildet den imposanten Hintergrund.*
Rechts Mitte *Dieser monumentale Bau aus der Kolonialzeit findet sich in Alt-Havanna.*
Rechts unten *Im ehemaligen Präsidentenpalast ist heute das Revolutionsmuseum untergebracht.*

Trinidad und Santiago: Perlen im mittleren und südlichen Kuba

Oben *Eine der vielen Kathedralen in Trinidad, der geschichtsträchtigen reichen Stadt im mittleren Kuba. Die herrliche Altstadt gehört zu den besterhaltenen Lateinamerikas.*
Mitte *Eine Kombination aus neoklassizistischem Dekor und Pastellfarben macht den besonderen Reiz dieses schönen Gebäudes in Santiago de Cuba aus.*
Rechts *Die Bahia di Santiago ist eine der geschütztesten Buchten Kubas: Von hier aus stachen Cortez und Pizzarro auf ihrer Reise nach dem südamerikanischen Festland in See.*

Santo Domingo: Die erste Siedlung

Links *Der Palast El Alcazar, 1510 von Vizekönig Diego Colon – dem Sohn von Christopher Columbus – errichtet, ist eines der faszinierendsten Zeugnisse der strahlenden Vergangenheit von Santo Domingo.*
Oben *Das Innere des Palastes beherbergt kostbares Interieur. Santo Domingo war lange Zeit kulturelles und politisches Zentrum der Insel.*
Unten *La Torre dello Homenaje (»Der Turm der Ritter«) ist das Wahrzeichen der an den Ufern des Rio Ozama aufragenden Festung.*

Der Zauber der karibischen Städte

Oben *Montega Bay ist die zweitgrößte Stadt auf Jamaika; in dem beliebten Touristenziel herrscht lebhaftes Treiben.*
Unten *Der luxuriöse Club Gran Lido ist eine der Perlen des jamaikanischen Badeorts Negril, der zur Zeit sehr in Mode ist und sich eines beinahe 10 Kilometer langen Strandes rühmen kann.*
Rechts *Die Luftansicht von Ocho Rios bezeugt die Modernität dieses gutbesuchten Touristenzentrums.*

Kriegerische Hinterlassenschaft im Herzen der Karibik

Links *Auf den Zinnen der herrlichen Bastion Fort St. Louis aus dem 17. Jahrhundert in Fort-de-France, der Hauptstadt von Martinique, weht die französische Flagge.*
Oben *Die Ruine von Fort Fleur d'Epée überragt, nicht weit von Pointe des Châteaux auf Guadeloupe entfernt, die Küstenstraße.*
Unten *Die Festung bei Frederiksted wurde zwischen 1600 und 1700 errichtet und beschützt den kleinen gleichnamigen Hafen ca. 26 Kilometer von der Hauptstadt der Jungferninseln St. Croix entfernt.*
S. 44/45 *Dieses Kriegerdenkmal steht im Zentrum von Pointe-à-Pitre inmitten typischer Kolonialbauten mit neoklassizistischen Balkonen und Galerien.*

SUPER

OFFICE
DU
TOURISME
AMEUBLEMENT
ARSENE DEDE
COCO CHIC
Confection
tél: 90.20.66

Von Schloß Marigot überblickt man die gesamte Bucht von St. Martin – eines der beliebtesten Kreuzfahrtziele auf den französischen Antillen. Auf St. Martin locken die weißen Strände, die unberührten Buchten und kristallklaren Lagunen, aber auch der zollfreie Einkauf.

St. Pierre: Das Pompeji der Karibik

St. Pierre, der kleine Hafen von Martinique, wird auch das »Pompeji der Karibik« genannt, da eine heftige Eruption des Mont Pelée 1902 die gesamte Stadt zerstörte. Heute wird der Vulkan rund um die Uhr überwacht.

S. 50/51 *Im Hafen von Charlotte Amalie sind alle nur vorstellbaren Wasserfahrzeuge zu bewundern: Kleine und große Segelboote liegen hier neben riesigen Kreuzfahrtschiffen.*

HONDA

Tropische Sonne – französischer Luxus

Gustavia auf St. Barthélemy besitzt einen geschützen Hafen, den mit Vorliebe luxuriöse Privatjachten anlaufen.

VON EBENHOLZ BIS PORZELLAN

Oben *Ein bunter Karnevalszug lockt Touristen in den Hafen von Granada: Die Kostümierungen leuchten in den kräftigen Farben der Karibik – grasgrün, goldgelb und korallenrot.*
Unten *Der Markt von Pointe-à-Pitre erstreckt sich über das gesamte Hafenbecken bis direkt an die Molen heran, und die Einheimischen beeilen sich, den Fischern den Fang noch auf den Schiffen abzukaufen.*
Rechts *Jeden Samstag zieht der große Markt eine bunte Schar nach St. Georges, der Hauptstadt von Grenada – und alle wollen die Spezialitäten der Insel ergattern.*

Nihi's Shoe Shop
Buy Rite!
SU

Feurige Rhythmen – Salsa, Calypso, Raggae

Links *Zum Musizieren und Tanzen gibt es immer Gelegenheit – und die westlichen Besucher schauen bewundernd und ein wenig neidisch zu.*
Rechts *Der obligatorische Strohhut und das buntbedruckte Hemd verleihen den Bewohnern der Karibik ein malerisches Aussehen.*
S. 58/59 *Die Schönheit der tropischen Natur wetteifert mit jener der Menschen.*

Martinique und Guadeloupe: Tourismus und kreolische Kultur

Martinique und Guadeloupe sind die Hochburgen der französisch-kreolischen Sprache und Kultur. Die »Afrofrisuren« der Männer und Frauen in Pointe-à-Pitre oder dieses Kindes von den französischen Antillen machen deutlich, wie eng bis heute die Verbindung zwischen der Karibik und dem Schwarzen Kontinent ist.

Die bunten Märkte von Guadeloupe

S. 62-63 *Der Markt von Basse-Terre, der zweitgrößten Stadt von Guadeloupe, der gleichzeitig reich und arm ist: geflickte Sonnenschirme, improvisierte Stände, auf dem Boden ausgebreitete Lappen für die Waren, aber auch jede Menge Früchte, Gemüse und auf der Insel produzierte Gewürze und Mehlsorten.*

S. 64-65 *Vor den vulkanischen, grauen Sandstränden wird Fischfang noch heute nach alter Tradition betrieben.*

S. 66-67 *St. François im äußersten Osten der Insel Guadeloupe gilt als das Saint Tropez der Karibischen Inseln*

PP 758117
YAMAHA
PROLEX

S. 68-69 *Einige Fischer verweilen gegen Abend am Strand, der den Malecòn von Havanna säumt.*

S. 69 oben *Ein Feuerschlucker improvisiert ein Spektakel in der Calle Obispo von Habana Vieja, einer alten Straße, deren Charakteristikum alte, restaurierte Häuser sind, die in den traditionellen Pastellfarben azur, rosa, zartgrün und gelb gestrichen sind.*

S. 69 Mitte und unten *Die zehn Millionen Bewohner Kubas sind zum Großteil Mestizen. Weniger als ein Drittel sind Weiße, der Rest sind die typischen karibischen Mischlinge afroeuropäischer Ethnien. Auch die Kultur ist stark vom Schwarzen Kontinent geprägt; halbreligiöse Riten und viele Festlichkeiten sind afrikanischen Ursprungs, der sich mit dem Katholizismus mischte.*

S. 70 Mitte und oben *Cayo Coco, die größte der Inseln eines Archipels vor der Küste von Ciego de Avila, ist ein Paradies aus klarem Wasser, weißem Sand und Sonne. Niedrige Palmen säumen Traumstrände, an welchen man jeder Art von Beschäftigung nachgehen kann, von typischen Wasseraktivitäten bis zu Ausritten auf dem Rücken der Pferde.*

S. 70 unten *Die Inseln des Archipels sind unbewohnt und unverschmutzt – ausgenommen Cayo de Coco und Cayo Guillermo, wo es touristische Einrichtungen gibt, deren Auswirkungen auf die Umwelt aber von Technikern der Universität Havanna überwacht werden.*

S. 71 *Westliche Gewohnheiten breiteten sich auf den Karibischen Inseln mehr aus als man annehmen möchte. Das aus angelsächsischen Ländern importierte Golfspiel sorgte dafür, dass auf den Klippen Golfplätze entstanden.*

Angelsächsische Traditionen auf Barbados

Sehr formell, aber nicht weniger faszinierend ist die Parade am Unabhängigkeitstag von Barbados in Bridgetown, der Hauptstadt der Insel, die 1966 nach langer britischer Herrschaft selbständig wurde.

Einige Kilometer von Bridgetown entfernt liegt Oistins Town. Hier wurde 1625 »die Charta von Barbados« unterzeichnet, mit der die Briten ihre Herrschaft etablierten. Oistins Town ist heute ein religiöses Zentrum, die Kirchen sind, wie bei dieser Sonntagsmesse, gut gefüllt.

Westliche Mode und der Kleiderstil der Kolonialzeit vermischen sich vor dieser Kirche in Oistins Town. Auf dem angrenzendenden Friedhof befindet sich eine Krypta, von der es heißt, daß sie von Geistern besucht würde.

Afrikanische Wurzeln

Tänze und musikalische Klänge afrikanischer Herkunft sind Ausdruck der jahrhundertealten kulturellen Verflechtung der Karibik mit afrikanischen, europäischen und asiatischen Ländern und Völkern.

Die farbenprächtigen Kostüme während des Karnevals auf Granada, der südlichsten der Windward Inseln, gehen auf die kreolische Mythologie zurück. Diese wiederum hat ihren Ursprung in europäischer und afrikanischer Religiosität. Vorherrschend ist jedoch jener Bevölkerungsteil mit zentralafrikanischem Ursprung: Von den 100 000 Einwohnern sind 80 Prozent schwarz, 15 Prozent Mulatten und gerade einmal 5 Prozent weiß.

DAS LETZTE EDEN

Oben *La Vache Bay: Die Pflanzenwelt dieser herrlichen Bucht auf der Insel Trinidad wird von den Klippen vor den heftigen Passatwinden geschützt.*
Unten *Die Insel Petite-Terre grenzt direkt an die Anhöhen von Pointe des Châteaux; diese vollkommen unberührte Natur liegt mitten im Atlantischen Ozean, wenige Meilen östlich von Guadeloupe.*
Rechts *Strahlend weißer Sand und smaragdgrünes Meer, Alleen aus meterhohen Palmen und, draußen im Meer, bei der Korallenbank, der Strand von Las Cuevas Bay: Dies muß das letzte Paradies sein!*

Oben *Die vom Wind gebeugten Palmen überragen einen der schönsten Strände in der Nähe des Bavaro Hotels südlich von Punta Cana.*
Unten *An der Spitze der Insel Saona liegt dieser wunderbare Strand. Unter den schattigen Palmen hat der Club Dominicus Ventaglio sein Domizil.*

Die Strände des irdischen Paradieses

Unten *Die Segel der vor Anker liegenden Boote tragen die Farben des Regenbogens und spiegeln sich in dem türkisfarbenen Meer, das Punta Cana (Santo Domingo) umspült.*

S. 84/85 *Im tiefen Blau des Karibischen Meeres scheint die kleine Insel Saona, ein unverdorbenes Fleckchen Erde jenseits der dominikanischen Küste, zu versinken.*

S. 86/87 *Die Nordküste Jamaikas um Port Antonio, dem kleinen Städtchen inmitten traumhafter Buchten, ist ein Paradies.*

Oben Reiten ist eine jener Aktivitäten, die man auf dem Landgut der Twickenham Farm ausüben kann. Nicht weit von hier liegt der begehrte Ferienort Ocho Rios inmitten des unbeschreiblich schönen Hinterlandes von Jamaika.
Unten Die Klippen bei Negril gehören zu den Hauptattraktionen Jamaikas: Felsen und Pflanzen umrahmen grün und türkis schillerndes Wasser.
Rechts Auch diese Bucht des kleinen, bei Port Antonio gelegenen Navy Islands zeugt von der üppigen Vegetation Jamaikas.

Links *Die »cayos« sind typische Landzungen aus Sand und Korallen, die sich ins tropische Meer hinein erstrecken: Kuba zählt mehr als 350 davon.*
Rechts oben *Korallensand, üppigste Unterwasservegetation, kristallklares Wasser – all dies ist Cayo Largo.*
Rechts Mitte und unten *Cayo Largo ist eine faszinierende Sandbank von 30 Kilometer Länge und 7 Kilometer Breite. Die intensiven Farben und die Vielfalt der Unterwasserflora und -fauna machen sie zu einem vielbesuchten Touristenziel.*

Oben *Die überaus malerischen und einsamen Buchten von St. Barthélemy ziehen in erster Linie einen kleinen, elitären Touristenkreis an.*
Unten *Die Start- und Landepiste des Flughafens von St. Barthélemy hat den Zauber des reizenden, von smaragdgrünem Wasser umspülten Anse de St. Jean nicht zerstören können.*

Der längste und berühmteste Strand von St. Barthélemy ist die Anse de Flamands. Doch auf viele Menschen trifft man hier nie.
S. 94/95 *Die Anse de Lorient auf St. Barthélemy, das von den Einwohnern auch St. Barts genannt wird. 1784 wurde St. Barts französische Kolonie, welche die Franzosen dann 1784 für etwa ein Jahrhundert an Schweden abtraten. Im Ergebnis dieser bewegten Geschichte findet man heute auf der Insel noch einige Dörfer, in denen bretonische und normannische Dialekte gesprochen werden.*
S. 96/97 *Die Anse des Flamands ist – davon sind viele überzeugt – einer der Traumstrände der Welt: Ein ellenlanger Streifen aus allerfeinstem Sand.*

Die Insel des unberechenbaren Vulkans

St. Pierre, an der Westküste von Martinique und nördlich von Fort de France liegend, war einst die Hauptstadt der Insel: Beim Ausbruch des unberechenbaren, noch aktiven Vulkans Mont Pelée wurde sie vollständig zerstört und hat sich nie wieder davon erholt.

Wasser – so klar wie Kristall

Diese wunderschöne Bucht mit herrlichem Strand und smaragdgrünem Wasser ist der ganze Stolz von Marigot, dem wichtigsten Ort französischer Gründung auf St. Martin. Von Fort St. Louis aus überblickt man die gesamte Bucht, in der sich auch der Touristenhafen befindet. Hunderte der schönsten Schiffe der Karibik liegen hier vor Anker.

S. 102/103 *Cayo Largo bedeutet »lange Straße«. Die flache Sandinsel mit weißem Korallensandstrand erstreckt sich über 90 Kilometer Länge.*

S. 104/105 *Die Küste bei Basse-Terre fällt durch ihre Strände aus braunem Sand und einem weichen Teppich aus rundgeschliffenen Vegetationsresten auf. Der vulkanische Ursprung ist hier nicht zu übersehen.*

S. 106/107 *Pointe des Châteaux ist eine gewaltige Felsenzunge, die sich von der Insel Grande-Terre aus in den Atlantik erstreckt und schließlich in einer vom Meer zerfurchten windumtosten Klippe endet.*

Guadeloupe: Im Banne des Urwalds

Oben *Aus den Kratern des Soufrière im Herzen des Nationalparks von St. Vincent steigen ständig schwefelhaltige Dämpfe auf.*
Rechts *Die atemberaubenden Chutes du Carbet im Nationalpark von Guadeloupe stürzen inmitten des undurchdringlichen und tiefgrünen tropischen Urwalds in die Tiefe.*

Im Inneren von Guadeloupe trifft man auf eine überaus üppige Vegetation: Täler und Höhen überzieht ein dichter tropischer Wald, der lediglich von wasserreichen Bächen und Flüssen unterbrochen wird.

Die Jungferninseln: Kostbarkeiten der Karibik

Unten *Die Virgin Islands, die Jungferninseln, hatten durch ihre strategisch günstige Lage eine wechselvolle Geschichte. 1493 von Kolumbus entdeckt, benannte er die Inselgruppe nach den Gefährtinnen der St. Ursula.*

Rechts oben *Die Insel St. John ist berühmt für ihre unberührte Schönheit. Ein großer Teil von ihr gehört zu dem Nationalpark der Jungferninseln.*
Rechts unten *Ein Katamaran unter amerikanischer Flagge hat auf dem feinen Sand des Strandes von Buck Island – einer der Perlen der amerikanischen Jungferninseln – festgemacht.*
S. 114/115 *Ein kleiner Streifen strahlendweißer Sand hat dem Vormarsch der üppigen tropischen Vegetation getrotzt: Die zauberhafte*

Trunk Bay findet der Reisende auf St. John, der unberührtesten unter den amerikanischen Jungferninseln. Trunk Bay gilt als schönste Bucht von St. John; von hier aus starten Unterwassersportler zu märchenhaften Tauchgängen.

St. Lucia: Im Schatten der Zwillingsvulkane

An der Westküste von St. Lucia erstrecken sich Marigot Bay, Castries und Rodney Bay. Sie gehören zu den schönsten Buchten der Karibik. Der kleine Hafen, in dem das ganze Jahr über Touristenschiffe jeder Art liegen, ist hervorragend ausgerüstet.

S. 118/119 *Zwei grünbewachsene Bergspitzen ragen am Horizont wie Göttersitze auf. Es sind die Krater der Zwillingsvulkane Gros Piton und Petit Piton. 700 Meter erheben sich diese Wahrzeichen von St. Lucia über den Meeresspiegel.*

Die Heimat der Korallen

Unten *Der Archipel der Grenadinen erstreckt sich zwischen Granada und St. Vincent und besteht aus 34 Koralleninselchen. Er ist beliebtes Refugium von Seglern und Tauchern.*

Rechts *Alle Nuancen der Farben Grün und Blau fließen in den flachen Wassern um die kleine Grenadinen-Insel Petit Tabac zusammen – eines von vielen unbewohnten Eilanden.*

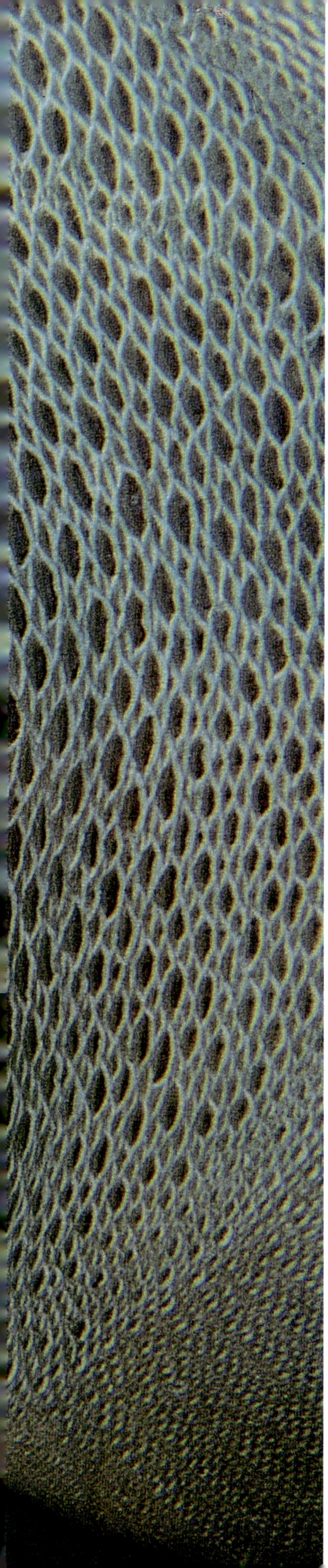

Links *Die Vielfalt der Fische im Karibischen Meer ist grenzenlos: Tauchern eröffnet sich eine tropische Unterwasserwelt voller Überraschungen und Wunder – Begegnungen wie mit diesem Engelfisch sind nicht außergewöhnlich.*

Oben *Die Unterwasserströmungen im Karibischen Meer begünstigen die Vermehrung und das Wachstum der hier existierenden Lebensformen, so daß Schwämme von solch ungeheurem Ausmaß kein ungewöhnlicher Anblick sind.*

Unten *Dieser Schwamm mit seinen vielen Verästelungen macht zwei »Büschen« der Feuerkoralle den Lebensraum streitig: Ein Bild des ständigen Überlebenskampfes der an der karibischen Korallenbank angesiedelten Flora.*

Oben *Eine Vielzahl von tiefroten Korallen hat sich hier angesiedelt: Die Unterwasserwelt der Karibik hält für Taucher Bilder von unglaublicher Schönheit bereit.*
Unten *Delphine sind überaus verspielt; nicht selten begegnen sie Tauchern im Karibischen Meer vereinzelt oder als Gruppe und sind dabei oft zu Scherzen mit den Menschen aufgelegt.*

Rechts *Ein Schwarm exotischer Fische auf Nahrungssuche umkreist einen gewaltigen Gorgonenfächer. Das flache Wasser um das Korallenriff garantiert den Tauchern optimale Sicht und unvergleichliche Fotos.*
S. 126/127 *An der Ostküste von Barbados wechseln Traumstrände und rauhe Klippen, welche die atlantischen Winde umtosen. Verglichen mit den sanfteren und ruhigeren Küsten der Karibik ist diese von rauher Schönheit: Sturmfluten zertrümmern die Felsen, Winde biegen die Stämme der hohen Palmen.*
S. 128 *Die Farben des Sonnenuntergangs setzen die Dickenson Bay, einer der »365 Strände«, denen sich Antigua rühmt, in Flammen.*

BILDNACHWEIS

Antonio Attini / Archiv White Star: S. 68 und 69, 70. Marcello Bertinetti / Archiv White Star: S. 8, 20-21, 43 oben, 44-45, 54 unten, 60 unten, 62, 63, 66-67, 80 unten, 104-105, 106-107, 109, 110, 111. Stefano Amantini / Atlantide: S. 26-27, 42, 64-65, 72, 73, 74, 75, 76, 77, 80 oben, 98-99, 108. Atlantide / Bruce Coleman: S. 28 oben. Alastair Balck / Overseas: S. 116-117. Cotton Coulson / Stock House: S. 120. Bob Cranston / Panda Photo: S. 124 unten. Guido Cozzi / Atlantide: Rückwärtige Umschlagseite, S. 6-7, 46-47, 68-69, 89, 92 oben, 93, 94-95, 96-97, 100, 101. Fausto Giaccone / SIE: S. 39 oben. Granata Press Service / Stock Image: S. 2-3, 57. Sylvain Grandadam / Stock House: S. 54 oben. Guillotean / Express / Grazia Neri: S. 4-5. Chris Huxley / Planet Earth Pictures: S. 12-13, 112, 121. Alex Langley / Stock House: S. 118-119. M. Mastrorillo / SIE: S. 32-33. Italo Monetti: S. 14 oben, 31 unten, 35. Mauro Parmesani und Patrizia Miazzo: S. 15 unten, 16-17, 29, 30-31, 31 Mitte, 34-35, 35 links Mitte und rechts Mitte, 38-39, 39 unten, 40 unten, 83, 84-85, 86-87, 88, 90, 91, 102-103, 126-127. Aldo Pavan:S. 18-19, 35 oben rechts, 35 unten rechts, 36-37. Aldo Pearce / SIE: S. 28 unten. Andrea Pistolesi: S. 43 unten, 50-51, 52-53. Photo Bank Singapore: S. 9, 22-23, 24-25, 55, 78, 79, 128. Davide Scagliola: S. 71, 113, 114-115. Lorenzo Sechi / SIE: S. 14. Giovanni Simeone: Umschlagseite. L. Sonnino Sorisio / Panda Photo: S. 60 oben. Steve Vidler / Stock House: S. 48-49. Marco Stoppato: S. 82. Angelo Tondini / Focus Team: S. 40 oben, 40-41, 56, 57, 58-59. Michael Yamashita: S. 47.